INSTRUCTION PRATIQUE

PROVISOIRE

SUR LE SERVICE DANS UN FORT

DE

LA ZONE PRINCIPALE DE DÉFENSE

PARIS

IMPRIMERIE NATIONALE

1921

INSTRUCTION PRATIQUE

PROVISOIRE

SUR

LE SERVICE DANS UN FORT

DE LA ZONE PRINCIPALE DE DÉFENSE

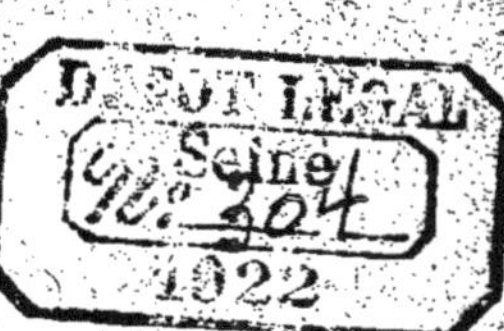

INSTRUCTION PRATIQUE

PROVISOIRE

SUR LE SERVICE DANS UN FORT

DE

LA ZONE PRINCIPALE DE DÉFENSE

PARIS

IMPRIMERIE NATIONALE

1921

TABLE DES MATIÈRES.

ANNEXE N° 1.

ANNEXE N° 2 CONFIDENTIELLE.

In fine.

INSTRUCTION PRATIQUE

PROVISOIRE

SUR

LE SERVICE DANS UN FORT

DE LA ZONE PRINCIPALE DE DÉFENSE.

AVERTISSEMENT.

L'Instruction générale du 30 juillet 1909 sur la guerre de siège, fixe dans sa deuxième partie (Défense), les règles générales d'après lesquelles doit être défendue une place de guerre. Les instructions spéciales sur le service de l'artillerie et sur celui du génie dans la guerre de siège, règlent, également dans leur deuxième partie, le fonctionnement particulier de ces services pendant les opérations de la défense. La présente Instruction a pour but de servir de guide pour la conduite à tenir dans la défense d'un fort de la zone principale de défense.

Elle comprend deux parties.

Dans la première, en raison de l'influence que l'installation matérielle des troupes peut avoir sur leur conservation et par suite sur leur capacité défensive, on a réuni les mesures préliminaires à prendre au moment de l'occupation de l'ouvrage, en vue d'assurer dans les meilleures conditions possibles, le logement et la subsistance de la garnison.

La seconde traite exclusivement de la défense.

Dans la rédaction de cette partie on a suivi, comme dans les Instructions particulières précitées, l'ordre des titres et des chapitres de l'Instruction générale, en donnant quand il y avait lieu pour chaque article qui le comporte les développements nécessaires.

DISPOSITIONS GÉNÉRALES.

Tout Commandant d'ouvrage doit avoir une connaissance complète du Journal de mobilisation de cet ouvrage, qui doit contenir toutes les indications relatives à la garnison et à l'armement du fort et toutes les prescriptions nécessaires pour l'occupation du casernement et l'exécution des travaux de mise en état de défense.

S'il n'occupe pas le fort dès le temps de paix, il doit le visiter périodiquement dans tous ses détails, autant que possible avec les officiers et chefs de détachements qui seront sous ses ordres en temps de guerre.

S'il l'occupe dès le temps de paix, il doit connaître dans ses moindres détails l'organisation de l'ouvrage et procéder périodiquement aux vérifications énoncées plus loin au sujet des mesures à prendre au moment de l'occupation par la garnison du temps de guerre.

PREMIÈRE PARTIE.

MESURES À PRENDRE
AU MOMENT DE L'OCCUPATION D'UN OUVRAGE
EN CE QUI CONCERNE LE CASERNEMENT.

1. Renseignements sur le casernement. — Un ouvrage de fortification doit pouvoir dès que l'ordre en est donné, être occupé par sa garnison du temps de guerre.

Les mesures nécessaires à cet effet sont prévues au Journal de mobilisation de l'ouvrage, qui doit contenir en particulier sous forme de dessins, notices, consignes, etc., tous les renseignements utiles. Il comprendra notamment :

Un plan des dessous de l'ouvrage indiquant les locaux à l'épreuve des projectiles de gros calibre avec une notice donnant pour les autres locaux le degré présumé de leur protection ainsi que l'utilisation qui pourrait en être faite au cours du siège et une légende mentionnant l'affectation de tous les locaux à l'épreuve, et l'état d'assiette du casernement du siège.

Un ou plusieurs plans donnant :

L'emplacement des appareils d'éclairage, avec l'indication de leur nature, et des tuyaux d'évacuation des gaz ;

L'emplacement des appareils de chauffage et des gaines de fumée ;

L'emplacement des ventilateurs et le tracé des conduites d'aspiration et de refoulement de l'air ;

Le tracé des canalisations d'eau, l'emplacement des citernes (contenance), des puits (débits, profondeur), des sources d'eau potable voisines du fort, des machines élévatoires (nature des appareils) avec indication des citernes dont l'usage doit être réservé pour la période du siège, l'emplacement des dispositifs permettant d'isoler les citernes dès le début de l'investissement ;

Le tracé des égouts (dispositions spéciales s'il y a lieu) ;

Le tracé des communications acoustiques, télégraphiques et téléphoniques ;

Une notice descriptive de l'usine électrique, (s'il en existe une), des moteurs, monte-charges, etc.

Les consignes relatives à l'éclairage, au chauffage, à la

ventilation, à la manœuvre des pompes et des dispositifs pour l'isolement des citernes, à l'entretien des canalisations d'eau (précautions contre la gelée), des égouts, etc.

2. Devoirs du Commandant du fort en ce qui concerne le casernement. — Le commandant du fort vérifie ou fait vérifier par ses subordonnés les installations qu'il comporte, en portant spécialement son attention sur les points suivants, qui doivent d'ailleurs être visés dans le Journal de mobilisation.

Alimentation en eau. — Vérifier l'état des canalisations et des robinets, le niveau des citernes; s'assurer que les fermetures des citerneaux sont bien étanches et mettent l'eau approvisionnée à l'abri des souillures des occupants; vérifier le bon fonctionnement des appareils de puisage. Se renseigner sur l'origine des eaux alimentant les citernes et, si ces eaux proviennent des chapes, s'assurer qu'il existe des dispositifs spéciaux permettant de diriger hors des citernes les eaux contaminées par l'éclatement des obus dans la terre.

Dans le cas où il y aurait des doutes au sujet de la pureté de l'eau, en particulier pour les citernes remplies dès le temps de paix et dont l'eau ne se renouvelle pas, demander au chef de service de santé des instructions au sujet des précautions hygiéniques à prendre.

Chauffage. — S'assurer que les tuyaux de fumée sont bien ajustés, que les gaines ont été ramonées et ne sont pas accidentellement obstruées. Vérifier en particulier le tirage des fourneaux des cuisines.

Éclairage. — Faire mettre en place les lampes, après les avoir fait nettoyer, et s'assurer du tirage des tuyaux fumivores.

Latrines. — *Égouts.* — S'assurer de la bonne ventilation des latrines; compléter au besoin leur isolement par des dispositions de fortune; faire vidanger les fosses si besoin est; faire approvisionner des tinettes mobiles, marquer leur emplacement, et fixer les prescriptions relatives à leur vidange; faire procéder à la visite des égouts et des regards.

Ventilation. — S'assurer du bon fonctionnement des appareils de ventilation.

Lavabos. — *Lavoirs.* — *Laveries.* — Vérifier les installations de ce genre si elles existent, sinon procéder à l'organisation de moyens de fortune pour y suppléer.

Ameublement. — Vérifier si le matériel d'ameublement fixe (couchage, bancs, rateliers d'armes, tablettes pour les repas, etc.) est au complet : prendre ou proposer, le cas échéant, les mesures nécessaires pour le compléter.

3. Prescriptions diverses. — Le Commandant du fort prend toutes les mesures nécessaires à la propreté et à l'hygiène du casernement, fixe les dépôts des matières usées, fait approvisionner les objets et les matières nécessaires pour les nettoyages du casernement et les désinfections (balais, potasse, soufre, chaux éteinte). Les règles à suivre pour la constitution de ces approvisionnements sont fixées par le Gouverneur et mentionnées au Journal de mobilisation.

Il répartit le casernement entre les occupants du fort. A cet effet, il règle d'abord l'occupation qui doit être faite du casernement de siège, d'après les indications du Journal de mobilisation.

Mais tant que les circonstances le permettent, il utilise les autres locaux existants ou les ressources accessoires de logement dont il peut disposer, pour desserrer le casernement.

Il fait exercer les hommes à connaître la dénomination et l'emplacement des différentes parties du fort, ainsi que l'usage des communications couvertes.

Il fait compléter au besoin les inscriptions nécessaires.

Il visite les magasins, se fait rendre compte des approvisionnements qu'ils contiennent et en assure la garde.

Il prend ou provoque les mesures relatives à la mise en consommation des approvisionnements concernant l'alimentation, et notamment à l'usage de l'eau.

DEUXIÈME PARTIE.

DÉFENSE.

TITRE PREMIER.

PRINCIPES GÉNÉRAUX.

Art. 60. — Préparatifs de la défense.

A partir de la déclaration de l'état de guerre, le Gouverneur a pour devoir essentiel de préparer la défense en se conformant, autant que possible, aux plans de mobilisation et de défense établis dès le temps de paix.

A cet effet, il fait entreprendre et poursuivre avec la plus grande activité tous les travaux nécessaires pour l'organisation des ouvrages et des diverses positions de défense, la mise en place de l'armement et la constitution des approvisionnements.

. . . .

4. Devoirs du Commandant du fort en ce qui concerne la défense. — Le Commandant du fort doit connaître l'organisation défensive de l'ouvrage dans tous ses détails, ainsi que ses défenses accessoires, les abords et les ouvrages collatéraux.

Il assure la garde des magasins à poudre et à munitions de l'ouvrage et la surveillance des abords de l'ouvrage; il vérifie la manœuvre des ponts-levis et des grilles de fermeture.

Il prend des mesures très strictes pour mettre à l'abri de toute tentative de détérioration ou de destruction les engins de la défense et les organes de sûreté.

Il fait entreprendre tous les mouvements de matériel nécessaires pour rendre à leur destination du temps de guerre les organes qui auraient pu être provisoirement affectés à un autre emploi.

5. Journal de la défense. — Conformément aux prescriptions de l'article 154 du décret sur le service des places, un registre est ouvert dans le fort dès que commence l'état de guerre, en vue de la tenue du Journal de la défense. Ce registre est coté et paraphé par le Gouverneur qui fixe la manière dont il doit être tenu.

6. Travaux de mise en état de défense. — Au début, tous les hommes disponibles de la garnison sont employés aux travaux de mise en état de défense de l'ouvrage. Ces travaux sont généralement prévus et désignés dans leur ordre d'urgence au Journal de mobilisation.

A moins d'ordres contraires ils doivent s'exécuter dans l'ordre suivant :

I. Travaux destinés à assurer l'intégrité de l'obstacle.

Remise en état des défenses accessoires, fermeture des brèches, etc.

II. Travaux destinés à l'action du tir.

Dégagement du champ de tir, sur les abords, dans les fossés, sur les talus ; — rectification des plongées et des crêtes de façon à bien battre les abords ; aménagement des banquettes de tir, niches pour les munitions ; préparation des emplacements pour les mitrailleuses portatives.

III. Travaux destinés à la sécurité :

Sur les parquets : (Masques, boucliers individuels, abris contre les schrapnels, traverses, etc.)
Dans les abris, les communications et le casernement : (Blindage des ouvertures, etc.)

Dans l'exécution des différents travaux, en particulier dans la rectification des plongées et des crêtes, le Commandant du fort veille à ce que les terres remuées soient rendues aussi peu visibles que possible en les recouvrant de gazons ou, à défaut, de matériaux d'une teinte analogue à celle du terrain environnant.

Le dégagement du champ de tir doit être conduit de manière à ménager les masques indispensables à la protection des différents organes contre la visibilité aux observateurs terrestres et aériens.

Le Commandant du fort doit à cet effet avoir une connaissance complète des aménagements des glacis et des parapets qui ont dû être faits en temps de paix. Des renseignements à ce sujet doivent être portés au Journal de mobilisation auquel sera joint la note du 27 mai 1913 relative à la dissimulation des organes de défense. Il s'inspirera des prescriptions de cette note en particulier pour l'élagage des plantations.

7. Carnets de tir. — Exercices préparatoires. — En même temps qu'on prépare matériellement les moyens de résistance, tous les préparatifs doivent être faits pour la meilleure utilisation possible du feu de l'infanterie.

Des carnets de tir ont dû être préparés dès le temps de paix, indiquant le repérage des points principaux dont l'occupation par l'ennemi est à prévoir. Ils donnent également la distance et la hausse à employer.

Les gradés prennent connaissance de ces carnets. Ils sont exercés en même temps que les hommes à reconnaître les abords, de façon que tous en aient une connaissance complète et que le feu puisse être commandé et exécuté sans hésitation.

Par des exercices fréquents, le Commandant du fort habitue les hommes à prendre rapidement leurs positions de combat sur le parapet en partant des abris de combat ou des gaines de communication. Des alertes sont prescrites de temps à autre, pour exercer la garnison tout entière à occuper les parapets.

Les hommes sont également exercés à tirer individuellement derrière les masques et les boucliers. On leur apprendra en particulier à tirer suivant la pente du terrain ou de la plongée.

Les hommes devront être exercés au tir de nuit auquel on cherchera à donner toute l'efficacité possible en préparant des dispositifs susceptibles d'être mis en place sur le parapet pour assurer l'automatisme du pointage sur les abords du fossé ou sur les points de passage tels que : coupures dans la ligne des défenses accessoires, routes, etc.

Le flanquement des ouvrages collatéraux doit être également une des préoccupations importantes du Commandant de l'ouvrage, qui fera fréquemment des exercices de communication avec les ouvrages voisins, en vue d'exercer les équipes à se bien comprendre et à assurer le service.

Art. 61. — Principes de la conduite de la défense.
(Voir I. G.).

8. Devoirs des Commandants des forts. — Les Commandants de forts s'attachent à bien comprendre les opérations qui se déroulent dans la zone d'action de leur fort; ils règlent la conduite de la défense de l'ouvrage dont ils ont le commandement, de façon à le faire coopérer de la manière la plus complète à ces opérations, ils ne perdent jamais de vue que la conservation de leur fort jusqu'à la dernière extrémité et l'efficacité de leur action extérieure importent au plus haut point pour assurer le succès de la lutte sur la partie de la position principale de la place, dont il fait partie.

TITRE II.

DE LA CONSTITUTION DES GARNISONS
ET DE L'ORGANISATION
DU SERVICE DANS LES PLACES.

CHAPITRE PREMIER.
Constitution de la Garnison.

Art. 64. — **Fractionnement de la garnison.**

Le Gouverneur détermine la répartition de la garnison entre les services suivants :

. . . .

2° Garnisons des points d'appui principaux de la ligne des forts ;

. . . .

Dans les secteurs extérieurs chaque point d'appui principal reçoit un Commandant spécial et une garnison spéciale.

En principe et à moins d'ordre contraire du Gouverneur, les points d'appui principaux d'un secteur sont placés sous les ordres directs du Commandant de ce secteur. Mais le Gouverneur seul peut en modifier la garnison ou l'armement et en prescrire l'évacuation.

. . . .

Le Gouverneur détermine le fractionnement de la garnison en s'attachant à conserver les liens hiérarchiques des unités constituées. Il répartit les troupes dans un ouvrage ou secteur de manière que les mêmes troupes restent, autant que possible, chargées de la défense d'une même partie du terrain avec lequel elles devront être bien familiarisées.

Les Commandants particuliers des centres de résistance des forts et autres ouvrages faisant partie du système de fortification d'une place, les Commandants de secteurs et, d'une manière générale, les Commandants de toutes les subdivisions de la garnison sont choisis et nommés par le Gouverneur.

Au cours du siège, le Gouverneur modifie, suivant les besoins, la division en secteurs, la composition et la force des différentes subdivisions de la garnison.

. . . .

9. Liaisons extérieures des forts. — Le Commandant du fort peut, tant que le fort n'est pas en butte à une attaque régulière, exercer en même temps le commandement de l'une des unités qui composent la garnison du fort.

Il se maintient en liaison avec les troupes de secteur qui encadrent l'ouvrage sur le front et les flancs dans la zone principale de défense, de façon à se tenir au courant de leurs mouvements, à leur apporter au besoin l'appui de ses feux, et à être prévenu sans retard du moment où l'ouvrage viendrait à être démasqué et exposé directement aux tentatives de l'ennemi.

CHAPITRE II.

Service de l'Artillerie.

Art. 67. — **Commandement de l'artillerie du point d'appui principal.**

L'officier ou le gradé commandant l'artillerie d'un point d'appui principal est en général, le Commandant de l'unité ou de la fraction d'unité stationnée dans le point d'appui pour tout ce qui concerne :

1° La discipline générale ;

2° L'emploi des pièces et des engins destinés à la défense rapprochée du point d'appui ou du flanquement des intervalles et des abords des ouvrages collatéraux.

Dans le cas où des pièces de gros calibre, cuirassées ou non, sont installées à l'intérieur du point d'appui, le Commandant de l'artillerie du point d'appui relève, pour tout ce qui est relatif à l'emploi de ces pièces, du Commandant du groupe de batteries auquel elles sont rattachées, ou, s'il est lui-même Commandant du groupe, du Commandant de l'artillerie du secteur. Il communique au Commandant du point d'appui les ordres qu'il reçoit à ce sujet.

Le Commandant de l'artillerie du point d'appui relève également du Commandant de l'artillerie du secteur pour tout ce qui est relatif au matériel et aux approvisionnements.

10. Pièces et engins de la défense rapprochée. — L'armement normalement affecté à la défense rapprochée et au flanquement des intervalles comprend :

Des mitrailleuses portatives ;
Des mitrailleuses sous tourelles ;

Des pièces de 75 sous casemates ou sous tourelles;
Des pièces mobiles de petit calibre;
Des mortiers lisses;
Des canons pour le flanquement des fossés.

Les engins de la défense rapprochée comprennent :

Des engins éclairants, à savoir : des projecteurs, des
engins pour l'éclairage des fossés, des grenades et
fusées éclairantes, des pistolets à projectiles éclairants, etc.;
Des grenades à main;
Des boucliers métalliques;
Tous les matériaux susceptibles d'être utilisés pour con-
fectionner au moment du besoin des engins protec-
teurs (planches, sacs, plaques de tôle, etc.)

Un approvisionnement de sable (ou mieux de gravier)
sera constitué dès le temps de paix à l'intérieur de chaque
fort pour le remplissage des boîtes ou sacs destinés à constituer un masque protecteur.

Tous ces matériels et ceux non énumérés qui pourraient
éventuellement se trouver dans l'ouvrage aux destinations
ci-dessus, sont placés sous l'autorité directe du Commandant du fort.

Cette autorité s'exerce par l'intermédiaire du Commandant de l'artillerie du fort pour ce qui concerne les tourelles et les pièces d'artillerie. Des consignes doivent être
préparées à l'avance pour l'utilisation de ces pièces en cas
d'urgence.

**11. Emploi des pièces de gros calibre pour la
défense rapprochée.** — Les pièces de gros calibre, cuirassées ou non, peuvent également concourir à la défense
rapprochée.

Lorsque le Commandant du fort est amené à prévoir une
semblable utilisation de la grosse artillerie, il provoque
auprès du Commandant du secteur les ordres nécessaires
pour être en situation de donner au Commandant de l'artillerie du fort les ordres que comportent les circonstances.

En cas de besoins immédiats et imprévus, il doit consi-
dérer que la nécessité de conserver l'ouvrage l'emporte
sur toutes les autres et ne pas hésiter à prendre la respon-
sabilité d'utiliser toutes les ressources de l'artillerie à la
défense du fort.

Les consignes nécessaires sont préparées à l'avance, de
concert avec le Commandant de l'artillerie du secteur,
pour le cas d'urgence.

CHAPITRE III.

Service du Génie.

Art. 72. — Commandement du génie d'un point d'appui principal.

Le Commandant du génie d'un point d'appui principal est placé sous les ordres du Commandant du point d'appui ; il commande les troupes du génie affectées à sa garnison.

Si l'ordre en est donné par le Commandant du secteur, il met toute ou partie de ces troupes à la disposition du Commandant du génie du secteur, avec le matériel nécessaire prélevé sur le magasin du point d'appui, pour exécuter certains travaux prescrits dans le secteur à proximité du point d'appui.

Art. 76. — Service de la Télégraphie (1).

12. Des postes de combat et de leurs liaisons. — Il doit exister dans chaque ouvrage un poste de combat pour le Commandant du fort et un autre pour le Commandant de l'artillerie de l'ouvrage (2). Leur organisation est mentionnée au Journal de mobilisation, avec les communications télégraphiques, téléphoniques et acoustiques qui relient ces postes aux organes de défense extérieure du fort et aux différents organes intérieurs de la défense de l'ouvrage. Outre le plan détaillé de ces dernières, il doit contenir l'indication des mesures prévues pour assurer la liaison des deux postes de combat ci-dessus avec les organes qui ne sont pas pourvus de communications fixes.

Le service des lignes télégraphiques du réseau du commandement (électriques ou optiques) est assuré par les sapeurs télégraphistes.

13. Prescriptions diverses concernant le Commandant du fort. — L'un des plus importants devoirs du Commandant du fort est de s'assurer tout d'abord du bon fonctionnement de son réseau de communications, de veiller à son entretien et de rétablir ses liaisons par les moyens dont il dispose, en cas d'interruption.

---

(1) Instruction générale du 10 octobre 1912 sur l'organisation des réseaux électriques dans les places fortes.
(2) Note du 12 mars 1912 sur l'organisation des postes de combat du Commandant du fort et du Commandant de l'artillerie de l'ouvrage.

En dehors de la réparation des lignes qui incombe, suivant le cas, aux Services du génie ou de l'artillerie, il doit avoir ou réunir les moyens suivants :

Pour les communications extérieures (Gouverneur, Commandant de secteur, forts, ouvrages collatéraux) : appareils optiques, signaux, vélocipédistes, plantons.

A l'intérieur (corps de garde, abris de combat, organes de flanquement, observatoires de surveillance, tourelles de mitrailleuses, postes divers) : hommes de liaison, sonneries.

Toutes les fois que le Commandant du fort s'absente de son poste de combat, il doit faire connaître l'endroit où il se trouve.

44. Prescriptions diverses concernant le Service de l'artillerie. — Le Commandant de l'artillerie a les mêmes devoirs que le Commandant du fort en ce qui concerne les communications électriques, acoustiques ou autres de son service.

CHAPITRE IV.

Service des Chemins de fer.

(Pour mémoire.)

CHAPITRE V.

Service de l'Intendance.

Art. 80. — Service dans les secteurs et les forts.

Sous les ordres du chef de service, et sous ceux des Commandants de secteurs, des fonctionnaires de l'intendance peuvent être spécialement chargés du service administratif des secteurs ou de groupes de secteurs pour tout ce qui concerne les magasins et le ravitaillement des troupes.

Le fonctionnaire attaché à un secteur ou à un groupe de secteurs a sous ses ordres tout le personnel administratif qui y est affecté. Il assure le réapprovisionnement des troupes par des envois demandés à la place, s'il y a lieu, ou par des fabrications locales lorsque cela est possible.

CHAPITRE VI.

Service de Santé.

Art. 81. — Dispositions générales.

15. Inhumations. — Un terrain choisi par le Gouverneur après avis du Service de santé est réservé à l'extérieur du fort pour les inhumations qui, en raison de l'interruption des communications ne pourraient pas se faire dans le cimetière de la localité la plus voisine.

Un autre terrain est choisi, dans les mêmes conditions, dans le fossé du fort et réservé au même usage pour le cas d'urgence.

Si le sol est rocheux, les fosses auront dû être préparées dès le temps de paix et remplies de terre, sinon elles seraient préparées dès le début de la mobilisation.

Un approvisionnement de chaux vive et de désinfectants est fourni par le Service de santé de la place pour être employé, conformément aux instructions du Chef de ce service, lors des inhumations.

CHAPITRE VII.

Organisation générale du service.

(Pour mémoire.)

CHAPITRE VIII.

Règles du service dans les troupes.

Art. 87. — Dispositions générales.

Le Gouverneur règle le service des troupes de manière à assurer aux hommes au moins deux nuits de repos sur trois aussi longtemps que cela est possible.

Tant que la place n'est pas directement menacée, il réduit les services de garde au strict nécessaire afin de ménager les forces de la garnison en vue des fatigues qu'elle aura à supporter et des efforts à lui demander pendant la durée du siège.

Dans l'infanterie, les services en armes, ainsi que les travaux en armes sur les points les plus exposés au feu de l'ennemi, sont exécutés par fractions constituées d'après un tour établi entre les diverses unités. Dans les secteurs, les autres troupes d'infanterie forment la réserve de secteur.

Dans l'artillerie à pied, on affecte autant que possible à chaque ouvrage ou à chaque groupe de batteries une fraction constituée de batterie. Dans chacune de ces subdivisions une partie de l'effectif est à tour de rôle de service aux pièces.

Dans les deux armes, les fractions non employées à ces services et travaux fournissent le piquet, les travailleurs employés aux travaux les moins exposés, les corvées générales et intérieures.

En principe, la durée du service en armes pour l'infanterie et celle au service aux pièces pour l'artillerie sont de vingt-quatre heures.

La durée journalière des travaux et autres services est habituellement de douze heures; elle peut être fractionnée. Pour les travaux elle se rapporte à la présence effective sur les chantiers y compris le temps des trajets pour s'y rendre ou en revenir.

Les troupes du génie ne concourent pas habituellement au service de garde; elles fournissent, en principe, par vingt-quatre heures, soit de jour, soit de nuit, douze heures de travail qui peuvent être réparties par fraction selon les exigences des travaux entrepris.

L'ensemble du service de chaque arme est réparti sur un nombre de tours de service fixé par le Gouverneur et qui peut être variable avec les circonstances.

Un roulement particulier est établi pour le personnel permanent chargé de travaux et de services spéciaux.

La répartition et l'emploi des auxiliaires de places fortes sont réglés par le Gouverneur.

Le Gouverneur fait relever, au moment et dans la mesure où il le juge convenable, les troupes des secteurs par des troupes de la réserve générale et des réserves de l'artillerie et du génie.

16. Bases du service. — Le service de la garnison devant être très pénible pendant certaines périodes du siège, le Commandant du fort s'attaque à l'organiser de manière à n'y faire concourir que l'effectif strictement nécessaire. Il veille à ce que les hommes non employés se reposent effectivement.

Le service en armes, même à l'extérieur, est fait sans prendre le sac.

Tant que l'ennemi est éloigné, la sécurité du fort et de ses annexes est assurée par des postes dont l'effectif est déterminé par le nombre des sentinelles à fournir pour déjouer toute tentative d'espionnage ou de malveillance.

Le surplus de la garnison est employé aux travaux et à l'instruction. A moins de circonstances particulières, le

Commandant du fort fixe le nombre et la durée des séances d'après les règles suivies dans le temps de paix pour commander le service.

17. Tours de service. — Les tours de service sont avant tout déterminés par les circonstances.

La durée des tours de service peut être modifiée aux différentes phases du siège. Leur périodicité régulière ne constitue pas un droit pour les troupes.

Pour l'utilisation judicieuse des forces, il est indispensable que les chefs à tous les degrés tiennent à jour un carnet d'emploi des unités ou fractions d'unités placées sous leurs ordres, afin de connaître immédiatement celles auxquelles des efforts particuliers pourraient être demandés hors tour en cas de nécessité.

Pour la détermination des tours à établir, il faut tenir compte des services à assurer à chaque tour, de leur degré d'urgence et des effectifs dont on dispose. Il convient à tous égards de respecter, autant que les circonstances le permettront, la constitution organique des unités.

Il ne paraît pas possible de déterminer par avance une organisation réglementaire des tours de service.

On devra s'efforcer, en principe, de donner, autant que possible, deux nuits de repos sur trois, et de toute façon des repos d'un minimum de six heures consécutives pour dormir.

En ce qui concerne l'artillerie et le génie les indications nécessaires sont données dans les instructions spéciales à ces services.

Pour l'infanterie, on trouvera dans l'annexe ci-jointe, un exemple de la répartition possible des tours de service et de leur fonctionnement. Les indications de cette annexe n'ont rien d'obligatoire et sont données seulement comme guide au commandement dans l'organisation du service.

L'exécution du service de garde et de surveillance à l'extérieur du fort est toujours concertée, aussi longtemps qu'il est possible, avec des troupes du secteur qui encadrent l'ouvrage. Les mesures nécessaires à cet effet sont arrêtées par le Commandant du secteur, sur la proposition du Commandant du fort.

Lorsque le fort fait partie d'un *centre de résistance,* le service de garde extérieur pourra être réduit en conséquence.

On s'attachera à faire en sorte que les repas puissent toujours être pris tranquillement et avec sécurité. De même les dispositions voulues seront arrêtées pour que les fractions de troupe au repos puissent en jouir dans le silence et à l'abri des allées et venues.

Les principes ci-dessus sont applicables à l'organisation des tours de service dans un centre de résistance.

18. Places couchées. — En général, les ressources du casernement de siège fournissent un nombre de places couchées inférieur à celui de la garnison.

Le Commandant du fort s'efforcera d'augmenter, par les dispositifs improvisés dans les couloirs, abris de combat, coffres flanquants, postes, etc., s'ils n'ont pu y être préparés dès le temps de paix, le nombre de places couchées, de façon à donner aux hommes du service en armes et de piquet qui y sont maintenus, le moyen de se reposer alternativement pendant les intervalles de leur service effectif.

De toutes façons, les places du casernement de siège ne pouvant généralement pas être affectées à un seul et même occupant, le Commandant du fort prendra autant que possible les mesures voulues, si ces mesures n'ont pas été prises dès le temps de paix, pour que chaque homme ait à sa disposition un casier spécial où il puisse remiser son sac, son paquetage et les effets de couchage ou autres qui lui sont affectés personnellement.

L'organisation des différents tours de service devra se faire de façon que chaque homme lorsqu'il ne sera pas de garde ou de piquet, occupe au repos la même place dans le casernement.

TITRE III.

ORGANISATION DE LA DÉFENSE.

CHAPITRE PREMIER.

Positions avancées ou de première résistance. Positions fortifiées extérieures.

(Pour mémoire.)

CHAPITRE II.

Zone principale de défense.

Art. 90. — Points d'appui principaux de la zone principale de défense.

Les points d'appui principaux de la zone principale de défense, indiqués à l'article 89, forment l'ossature de cette zone. L'ennemi doit en définitive s'attaquer à eux et s'en em-

gurer; il veut être maître du terrain de la zone principale,
des succès partiels dans les intervalles ne sauraient être défi-
nitifs tant que la défense tient les points d'appui; il faut donc
que ceux-ci soient organisés très solidement et se prêtent un
mutuel soutien par un flanquement réciproque.

Les forts, en raison de leur position sur le terrain, de la
solidité des abris qu'ils renferment, de la valeur de l'obstacle
qu'ils présentent, de l'importance de leur garnison, sont des
organes susceptibles d'une défense particulièrement vigoureuse
contre une attaque de vive force.

Les ouvrages intermédiaires sont établis entre les forts; la
construction de ceux de ces ouvrages qui n'aurait pu être
exécutée en temps de paix, doit être prévue dans le plan de
la défense, elle est entreprise en première urgence.

Dans les forts, comme dans les ouvrages intermédiaires
construits dès le temps de paix, le flanquement réciproque est
assuré au moyen de canons à tir rapide placés soit dans des
casemates à l'épreuve, soit sous tourelles. Des mitrailleuses,
protégées ou portatives, concourent, d'autre part, à la défense
propre des ouvrages.

Dans les ouvrages construits à la mobilisation, on doit également prévoir l'utilisation de mitrailleuses.

Les centres de résistance de la ligne des forts sont formés
par le groupement d'organes défensifs existant au voisinage
les uns des autres sur certains points du terrain; ce groupement a, en particulier, l'avantage d'augmenter en ces points
la puissance défensive par le fusil. Il assure, d'autre part, un
meilleur emploi des troupes mobiles de la garnison des secteurs, en leur donnant plus d'indépendance et une plus grande
liberté de manœuvre.

Dans le cas le plus général, ces centres de résistance comprennent : un fort avec ses organes de flanquement et de
défense propre; des batteries pour canons de gros calibre, cuirassés ou non; des observatoires; des postes de projecteurs;
des localités; des ouvrages d'infanterie. Dans chaque centre,
l'ensemble est enveloppé d'une enceinte de sûreté composée
d'un réseau d'obstacles en partie passifs, battu de front ou de
flanc, soit depuis les crêtes des ouvrages englobés dans le
centre de résistance, soit au moyen d'éléments de retranche-
ments comportant des abris et des dépôts de munitions. Il arri-
vera que le fort soit le réduit intérieur du centre de résistance; mais, dans d'autres cas, il conviendra de mettre à
profit le dégagement de ses vues pour le comprendre dans les
organes de l'enveloppe elle-même.

L'étendue d'un centre de résistance doit être en rapport
avec l'effectif des troupes d'infanterie à affecter à sa garnison;
elle dépendra également de la nécessité d'assurer efficacement
l'action du commandement sur les différents organes de résistance. Dans certains cas particuliers, en raison de l'importance de la position ou des dangers de surprise qu'elle peut
courir, on sera conduit à étendre le développement du centre

de résistance pour tenir compte de l'appoint que des troupes de la réserve de secteur pourront lui fournir.

Le commandant d'un centre de résistance est, en principe, le commandant de l'ouvrage principal qui y est incorporé.

19. Rôle du fort. — Le Commandant d'un fort doit être, avant tout, bien pénétré de l'importance capitale que les forts ont à jouer dans la défense de la position principale.

Qu'un fort appartienne à un *centre de résistance* de la zone principale, ou qu'il constitue à lui seul un *point d'appui principal* de cette zone, son rôle essentiel consiste à assurer au défenseur de la place la possession du terrain de la partie de la zone principale où il est situé. Il intervient par le flanquement qu'il donne aux ouvrages collatéraux et aux intervalles, par la protection qu'il assure à l'artillerie, par l'appui qu'il apporte aux troupes du secteur et enfin par sa défense propre en maîtrisant le terrain de ses abords et donnant ainsi aux opérations une base inébranlable.

Le commandant d'un fort doit inspirer aux officiers, aux gradés et aux hommes de la garnison une confiance absolue dans ses moyens de défense et les préparer à traverser les diverses phases du siège.

Il rappelle à tous que les forts sont susceptibles d'une résistance à toute épreuve et que l'importance de leur rôle exige de tous une défense opiniâtre, qui doit être poussée jusqu'à la dernière extrémité sans aucune défaillance.

20. Rôle du fort compris dans l'enveloppe d'un centre de résistance. — Lorsque le fort est compris dans les organes de l'enveloppe d'un centre de résistance, il y a lieu d'envisager d'abord son rôle dans la défense du centre, en tenant compte de l'appoint qu'il retire pour sa défense propre de la protection donnée à une partie de son périmètre par les organes même du centre de résistance.

Les postes de combat de la garnison du fort seront donc différents suivant qu'il sera encadré par le centre de résistance ou isolé par la chute de ce dernier. Il y aura lieu d'arrêter les mesures correspondant à ces deux éventualités.

En outre, la présence du centre de résistance étend les vues du fort sur les abords de la position et parfois les complète sur des points qui échappaient à ses observatoires.

Cette particularité sera mise à profit pour l'installation d'observatoires supplémentaires.

Lorsque le Commandant du fort sera en même temps le Commandant du centre de résistance, il devra se préoccuper d'assurer à l'intérieur de ce dernier les liaisons de son poste de combat avec les abris de combat, les observatoires et les autres organes qu'ils comporte.

Si l'organisation du centre de résistance modifie dans un sens ou dans un autre les flanquements des intervalles ou des ouvrages collatéraux, les mesures correspondantes seront prises en conséquence suivant les ressources qui seront mises à la disposition du Commandant du centre.

21. Rôle du fort en tant que réduit intérieur d'un centre de résistance. — Lorsque le fort est le réduit intérieur d'un *centre de résistance*, il doit jouer dans la défense de ce centre un rôle spécial qui comprend en général la défense des passages ménagés dans l'enceinte du centre, le flanquement des batteries, ouvrages, postes, abris, etc., situés à l'intérieur de l'enceinte. Il a mission de rendre impossible à l'ennemi l'occupation des points du centre que leur garnison aurait dû évacuer.

CHAPITRES III, IV et V.

(Pour mémoire.)

TITRE IV.

CONDUITE DE LA DÉFENSE.

—

CHAPITRE PREMIER.

Défense extérieure.

—

(Pour mémoire.)

CHAPITRE II.

Défense de la zone principale.

—

Art. 105. — **Combat dans la zone principale.**

. . . .

. . . .

Lorsque l'assaillant a réussi à prendre pied sur les positions de combat de la zone principale, les troupes mobiles se replient en arrière, et la lutte se concentre autour des points d'appui principaux.

À ce moment, les Commandants des points d'appui principaux doivent mettre tout en œuvre pour se trouver constamment en état de repousser l'ennemi. Ils profitent de tous les instants de répit que leur laisse l'artillerie de l'attaque pour réparer et organiser les banquettes d'infanterie. La garnison est mise à l'abri, mais se tient prête à occuper ses postes de combat au premier signal. Le personnel des organes cuirassés de défense rapprochée et celui des organes de flanquement sont constamment à leur place. Un service spécial de surveillance est organisé. Des dispositions sont prises en vue d'éclairer instantanément les abords pour le cas où l'assiégeant tenterait d'entreprendre des travaux d'attaque rapprochée, de détruire les défenses accessoires ou de donner l'assaut pendant la nuit.

Les magasins trop exposés sont évacués et les munitions réparties dans les abris les mieux protégés. Chaque soldat doit être largement pourvu de cartouches.

Devant les ouvrages contre lesquels l'ennemi parvient, pour progresser, à exécuter des cheminements à ciel ouvert ou en souterrain, on entreprend des travaux de contre-approche et de contre-mine qui incombent aux troupes du génie sous la direction du Commandant du génie du terrain des attaques. L'emploi des contre-mines s'impose notamment lorsque l'assiégeant recourt à la mine pour ouvrir des brèches ou détruire les organes de flanquement.

On doit également préparer des fourneaux de mine dans les ouvrages pour les désorganiser et faire sauter les poudres et les munitions, si l'on est obligé d'évacuer la position.

Dès que les brèches sont ouvertes, on cherche à embarrasser l'accès par tous les obstacles dont on peut disposer.

Au moment décisif, la garnison prévenue par son service d'observation prend immédiatement ses postes de combat. Toutes les pièces légères et les mitrailleuses encore disponibles sont mises en batterie sur les points désignés à l'avance, pour compléter l'action des organes cuirassés de défense rapprochée.

Le Commandant du point d'appui attaqué soutient la lutte jusqu'à la dernière limite. Il n'abandonne le point d'appui que sur l'ordre du Gouverneur, après avoir détruit le matériel et les munitions qu'il ne peut emmener en se retirant.

Pendant que les points d'appui se défendront ainsi, les troupes mobiles ralliées sous leur protection, et en s'appuyant sur les organisations des intervalles que la défense possédera encore, s'efforceront de reprendre l'offensive en exécutant des contre-attaques.

Si l'attaque de l'ennemi échoue, elles le poursuivront et réoccuperont les positions primitives.

22. Défense du fort. — L'attaque d'un fort sera la plupart du temps préparée par un bombardement intensif.

le plus souvent coupé d'intermittences irrégulières. Ces intermittences sont ordinairement des feintes destinées à énerver et à épuiser la garnison en l'incitant à se porter sur le parapet au moment de l'accalmie et en l'exposant à un coup de surprise par la reprise subite du bombardement.

Il importe donc de donner pendant cette période tous les soins possibles à l'observation, de façon à déceler les intentions de l'ennemi et à renseigner exactement le Commandant du fort sur ses mouvements.

Ce dernier doit apporter également une attention soutenue à ne compromettre prématurément, ni ses mitrailleuses sous tourelles, ni ses tourelles de 75, qui sont vulnérables dans leur position de tir, les premières par l'artillerie de campagne, les secondes par la grosse artillerie de siège (1). Il ne perdra pas de vue que la défense rapprochée de l'ouvrage repose pour une grande partie sur les mitrailleuses de tourelles, surtout dans les attaques de nuit où leur action sera la plus efficace, grâce à la came directrice du tir, et que le rôle primordial des tourelles de 75 est de flanquer les intervalles et les ouvrages collatéraux. L'action du canon de 75 étant insuffisante pour détruire les parapets, le Commandant du fort n'usera jamais des tourelles de 75 pour contrebattre les travaux d'approche et réservera ces engins, quand ils pourront être utilisés à la défense rapprochée, pour la destruction des boucliers des troupes d'assaut contre lesquels les mitrailleuses sont impuissantes.

Au moment de l'assaut, le Commandant du fort utilise les pièces mobiles de petit calibre qui sont à sa disposition et qu'il a dû maintenir abritées jusqu'au moment de leur mise en action. Il prescrit aux tourelles et aux pièces de gros calibre de tirer sur les abords, dans les conditions fixées au n° 11 ci-dessus. Les équipes des organes de flanquement sont toujours augmentées d'une réserve en vue de parer aux hommes manquants.

Pendant la nuit ou les temps de brouillard, on applique les mesures prévues pour le cas d'attaque par surprise. (Voir ci-après n° 24.)

Au moment de l'assaut toutes les fractions de la garnison sans exception se portent aux parapets.

Des caisses de cartouches dans lesquelles les tireurs pourront puiser seront disposées sur le parapet en des points spécialement aménagés.

Le Commandant du fort doit s'attacher à faire comprendre aux gradés et aux hommes que dans ces conjonc-

---

(1) Les pièces de 75 sous tourelles pourront être employées également jusqu'à la limite de leur portée tant qu'elles ne seront pas soumises à un tir méthodique et prolongé de pièces de gros calibre.

tures, le sang-froid et la discipline sont la meilleure sauve-
garde, et que la difficulté du franchissement de l'obstacle
permettra toujours à une troupe de sang-froid de résister
victorieusement à un assaut.

33. Défense des centres de résistance. — Les
centres de résistance sont le plus souvent constitués au
moment du besoin, au moyen d'ouvrages de fortification
de campagne plus ou moins renforcés. Ils peuvent comprendre aussi des localités (villages, bois, etc.) organisés
défensivement.

Ceux qui ont pu être établis dès le temps de paix diffèrent
des précédents principalement par la solidité des abris,
l'organisation complète des observatoires et des communications, l'aménagement des parapets et la résistance de
l'obstacle.

L'installation du casernement de la garnison y sera souvent, soit relativement précaire au point de vue de la
sécurité, soit médiocre au point de vue de l'habitabilité.
Dans ce cas, la relève de la garnison devra y être assez
fréquente.

En raison de la diversité de ces organisations, il est
impossible de tracer des règles un peu précises pour leur
défense.

Elle devra être conduite, autant que possible, en liaison
avec les opérations des troupes de secteur voisines. Celles-
ci seront en principe chargées d'opérer des contre-attaques
pour dégager le centre en cas de besoin.

On apportera toutefois un soin particulier à organiser
des communications défilées et même blindées pour l'accès
des parapets et à organiser de bons observatoires. On
organisera sur les parapets des emplacements pour mitrailleuses. On développera le plus possible l'emploi des boucliers, des masques et des abris contre les schrapnels pour
les tireurs.

Généralement les parapets auront un développement
assez considérable. Il ne sera pas ordinairement nécessaire
de les garnir en totalité. On s'attachera de préférence à
organiser ceux qui donnent des feux de flanquement sur
les abords et le long des obstacles.

On donnera une attention spéciale à l'organisation et au
repérage du tir de nuit.

On établira des abris défilés pour les pièces de flanquement collatéral et des intervalles. Les mêmes précautions
que pour un fort seront prises en vue d'assurer les communications avec les ouvrages ou les centres collatéraux.

La participation des pièces de gros calibre à la défense
contre l'assaut par le tir à mitraille sera réglée comme il
est dit au n° 10 ci-dessus.

CHAPITRE III.

DÉFENSE CONTRE UNE ATTAQUE
DE VIVE FORCE
ET CONTRE UN BOMBARDEMENT.

Art. 110. — Défense contre une attaque
de vive force.

Une place est exposée à tout moment à une attaque de vive force.

Quel que soit le moment où cette attaque se produira, un défenseur vigilant sera toujours en mesure de la repousser. Il sera, en général, averti par le feu violent que l'artillerie ennemie dirigera contre la partie de la place qui va être attaquée.

. . . .

24. Prescriptions de détail. — Un fort est exposé à tous moments à une attaque de vive force ou par surprise, même lorsque les troupes de secteur occupent le terrain en avant.

Une attaque de ce genre est particulièrement à craindre la nuit, au lever du jour et par les temps de brouillards. C'est au service de surveillance à déjouer une semblable attaque. Ce service de surveillance sera assuré par des guetteurs et des patrouilles.

Les patrouilles auront surtout pour mission de surveiller les abords du réseau de fil de fer qui entoure le fort. La nuit elles seront munies, ainsi que les guetteurs placés sur le parapet ou sur le glacis, de grenades éclairantes et de pistolets à cartouches éclairantes. La garde de l'entrée du fort est toujours l'objet de mesures spéciales.

On aura soin d'installer des appareils automatiques susceptibles de révéler l'approche de l'ennemi, si les circonstances s'y prêtent et si l'on dispose d'engins de cette nature ayant un fonctionnement assuré. Mais ces dispositions ne devront jamais dispenser de l'organisation d'une surveillance attentive.

Les organes de flanquement sont toujours prêts à fonctionner. Les occupants doivent avoir pour consigne de tirer dans le fossé au moindre bruit suspect pendant la nuit ou dans le brouillard sans attendre d'ordres. Dans ces conjonctures, il sera toujours interdit de circuler dans le fossé à moins d'un ordre spécialement donné par le Commandant du fort et d'un avis préalable donné aux organes de flanquement.

Lors d'une attaque, le Commandant du fort doit cher-
cher à se rendre compte des intentions et des forces de
l'adversaire et, sauf en cas de surprise, il ne doit engager
que successivement les fractions de la garnison.

Si des mouvements de l'ennemi laissent supposer son
intention d'attaquer de vive force, le Commandant du
fort ne fera prendre leur position de combat qu'aux fractions de garde. Les autres fractions seront maintenues
prêtes à renforcer les premières.

Si l'ennemi réussit à s'approcher de l'ouvrage sans avoir
été aperçu de loin, il fera prendre leur position de combat
à toutes les fractions d'infanterie de garde et de piquet et
à la totalité des fractions d'artillerie. Les fractions d'infanterie en réserve se tiennent prêtes à se porter sur les
parapets.

Des sonneries différentes doivent être faites suivant l'un
ou l'autre cas. Une réglementation spéciale du Gouverneur
fixe la nature de ces sonneries auxquelles les hommes
doivent être parfaitement habitués.

Art. 111. — Défense contre un bombardement.

*L'assaillant essayera peut-être, à un moment quelconque
du siège, d'amener, uniquement par l'action d'un bombardement, la population à exercer sur le Gouverneur une pres-
sion pour le contraindre à capituler.*

*Ce moyen d'attaque sera plus spécialement employé contre
les places de faible étendue et pourvues d'une garnison faible
et démoralisée. Contre les grandes places, il sera peu à redou-
ter, aussi longtemps du moins que les positions successives de
défense tiendront l'artillerie de l'attaque à une grande distance de la ville.*

*Les dispositions à prendre contre le bombardement, sont
indiquées dans la partie de la présente Instruction qui traite
de la défense du noyau central.*

25. Prescriptions de détail. — Le bombardement
seul sera toujours impuissant contre un fort.

Au cas où les travaux de renforcement nécessaires
n'auraient pas été exécutés d'une façon complète au
moment de la déclaration de guerre, le Commandant du
fort s'efforcera d'augmenter la protection des abris par
tous les moyens dont il disposera (couches de rails, de traverses, maçonneries de pierres sèches, remblais de préférence en terre rocailleuse).

On limitera le nombre des abris à renforcer d'après les
ressources disponibles en matériaux et en travailleurs, en
conduisant le travail de façon à obtenir successivement
une protection suffisante sur chaque abri désigné pour le
renforcement.

CHAPITRE IV.

DÉFENSE DES PLACES À SIMPLE ENCEINTE ET DES FORTS ISOLÉS.

(Pour mémoire.)

Paris, le 21 juillet 1913.

Le Ministre de la Guerre,
Signé : ÉTIENNE.

ANNEXE N° 1.

TOURS DE SERVICE DE L'INFANTERIE.

Définition. — Effectifs.

L'article 87 de l'Instruction générale dispose que le service en armes ainsi que les travaux en armes sur les points les plus exposés sont exécutés par des fractions constituées; les fractions non employées à ces services et travaux fournissent le *piquet*, les travailleurs employés aux travaux les moins exposés, les corvées générales et intérieures.

L'usage s'est établi de répartir ces différents services en trois tours :

1ᵉʳ tour. Garde.
2ᵉ tour. Piquet.
3ᵉ tour. Travaux intérieurs et repos.

Il est commode d'adopter pour la répartition du service par tours les dispositions ci-après qui sont données à titre de simple indication.

Le 1ᵉʳ tour comprend le quart de l'effectif.
Le 2ᵉ tour comprend le quart de l'effectif.
Le 3ᵉ tour comprend la moitié de l'effectif.

La fraction du premier tour fournit les postes chargés de la garde de l'ouvrage ainsi que les rondes et les patrouilles intérieures. Elle se tient prête à occuper les postes de combat qui lui sont désignés.

La fraction du 2ᵉ tour est employée en armes à renforcer la fraction du 1ᵉʳ tour dont l'effectif sera généralement tout juste suffisant pour garnir les postes de combat. Elle sera chargée de la surveillance extérieure et de la protection des travailleurs à l'extérieur du fort.

La fraction du 3ᵉ tour en dehors des heures de repos, fournit les corvées intérieures et les travailleurs non exposés au feu. La durée du service de chaque tour est en principe de 24 heures. Elle peut cependant être réduite à 12 heures. Dans certains cas même où un travail intensif est nécessaire, le service peut être organisé par séances de 8 heures. Il ne sera qu'exceptionnellement utile de descendre au-dessous de cette limite.

Répartition.

La répartition judicieuse des tours de service exige la

division de la garnison d'infanterie en quatre fractions égales.

Ce fractionnement qui correspond au fractionnement normal de la compagnie est toujours possible alors même que la garnison comporte un effectif inférieur ou supérieur à la compagnie.

Si la garnison comprend un nombre pair de sections on prend la section pour base du fractionnement.

Si la garnison comprend un nombre impair de sections on prend pour base du fractionnement la demi-section qui est commandée par un sous-officier.

Cependant ce mode de fractionnement pourra dans certains cas avoir des inconvénients en mettant les cadres d'une demi-section sous les ordres d'un officier appartenant à une autre unité. Aussi sera-t-il toujours préférable de constituer la garnison d'un fort par une compagnie à effectif plus ou moins renforcé suivant l'importance du fort (ou très exceptionnellement pour des ouvrages de moindre importance par une demi-compagnie).

La fraction considérée devient ainsi la section. Dans les indications qui vont suivre on supposera la garnison d'infanterie du fort constituée par une compagnie.

Dans chaque demi-compagnie, une section est au service du 1er ou du 2e tour, l'autre au repos. Cette disposition permet d'attribuer un casernement fixe à chaque demi-compagnie dans chaque section, la même place couchée aux hommes de même numéro de chaque demi-compagnie.

Le tableau ci-après indique la répartition des tours de service entre les différentes sections qui sont numérotées 1, 2, 3 et 4.

SERVICE de 24 heures. Jours.	1re 1/2 COMPAGNIE.			2e 1/2 COMPAGNIE.			SERVICE de 12 heures. Jours.
	1er TOUR.	2e TOUR.	3e TOUR.	1er TOUR.	2e TOUR.	3e TOUR.	
1er jour.....	1	»	2	»	3	4	1er jour.
2e jour.....	2	»	1	»	4	3	
3e jour.....	»	1	2	3	»	4	2e jour.
4e jour.....	»	2	1	4	»	3	
5e jour.....	1	»	2	»	3	4	A annuler.
6e jour.....	2	»	1	»	4	3	3e jour.
7e jour.....	»	1	2	3	»	4	
Et ainsi de suite.							Et ainsi de suite.

Le tableau ci-dessus s'applique au service de 24 heures en prenant pour la répartition des jours la colonne de gauche et au service de 12 heures, en se servant pour le même objet de la colonne de droite. On remarquera que dans ce cas on a annulé la ligne correspondant au 5° jour du service de 24 heures afin de ne pas imposer indéfiniment à la même section les retours uniformes des mêmes heures de service de façon à alterner les périodes de jour et de nuit.

Lorsque le service de 12 heures devient trop pénible, on organisera le service de 8 heures.

La journée de 24 heures est divisée en 3 séances de 8 heures.

1re séance, de 2 heures à 10 heures.

2° séance, de 10 heures à 18 heures.

3° séance, de 14 heures à 2 heures.

Le tableau ci-après donne la répartition des tours de service entre les sections.

JOUR.	NUMÉRO de la SÉANCE.	NUMÉRO DE LA SECTION.				OBSERVATIONS.
		1er TOUR.	3° TOUR repos.	2° TOUR.	3° TOUR travaux intérieurs.	
1...	1	1	2	3	4	Les repas se prendront avant l'heure de la relève pour les sections passant du 3° tour (repos) aux 1er et 2° tours, après l'heure de la relève pour les sections passant des 1er et 2° tours au 3° (repos).
	2	2	3	4	1	
	3	3	4	1	2	
2...	1	4	1	2	3	
	2	1	2	3	4	
	3	2	3	4	1	
3...	1	3	4	1	2	
	2	4	1	2	3	
	3	1	2	3	4	
4...	1	2	3	4	1	
	2	3	4	1	2	
	3	4	1	2	3	

Lorsqu'il sera nécessaire, en raison de l'intensité de la lutte de diminuer davantage la durée des 1er et 2° tours, on pourra diviser la journée de 24 heures en quatre séances de 6 heures.

1re séance, de 0 heures à 6 heures,

2° séance, de 6 heures à 12 heures,

3° séance, de 12 heures à 18 heures,

4° séance, de 18 heures à 24 heures,

tout en maintenant la durée du 3° tour à 12 heures.

Le tableau ci-après donne la répartition des jours de service entre les sections.

NUMÉROS	HEURES DE SERVICE.			
DES SECTIONS.	0 À 6 HEURES.	6 HEURES À 12 HEURES.	12 HEURES À 18 HEURES.	18 HEURES À 24 HEURES.
	1er, 3e, 5e,..... jours.			
1............	1er tour....	2e tour....	3e tour....	3e tour.
2............	2e —	1er —	3e —	3e —
3............	3e —	3e —	1er —	2e —
4............	3e —	3e —	2e —	1er —
	2e, 4e, 6e,..... jours.			
1............	2e tour....	1er tour....	3e tour....	3e tour....
2............	1er —	2e —	3e —	3e —
3............	3e —	3e —	2e —	1er —
4............	3e —	3e —	1er —	2e —

DÉTAILS DU SERVICE
INCOMBANT À CHAQUE TOUR.

I. — SERVICE DU 1er TOUR.

On donne ci-après, toujours à titre d'indication, les renseignements suivants :

Le Commandant du fort fixe le nombre des sentinelles et celui des travailleurs, le nombre et la force des patrouilles.

En général, les sentinelles sont simples, elles sont doublées lorsque les circonstances l'exigent.

Les hommes du 1er tour qui ne sont pas de faction ou employés aux rondes, aux patrouilles ou aux travaux restent équipés et au repos.

Dans ce but, le Commandant du fort munit de fournitures de campement garnies de paille de couchage les lits de camp des corps de garde et le sol des abris dépourvus de lits où sont logés les hommes du 1er tour.

Emplacement des sentinelles.

Une sentinelle double est placée devant les armes à la barrière du ravelin de la gorge et une autre simple derrière la fermeture du passage d'entrée dans l'escarpe.

D'autres le sont sur les remparts et dans les organes de flanquement et à leurs abords.

Celles des remparts sont établies aux endroits d'où elles peuvent bien surveiller les environs, généralement aux saillants. On doit pouvoir les abriter autant que possible soit dans les guérites blindées, soit en arrière de masses couvrantes créées pour elles. Les sentinelles chargées de la surveillance des fossés existant devant les organes de flanquement se tiennent en principe à l'intérieur de ces organes.

Lorsque le flanquement est assuré par des coffres de contrescarpe et qu'il n'existe pas de communication souterraine entre eux et l'intérieur de l'ouvrage, une sentinelle est placée derrière la porte ou la grille de chaque poterne descendante dans le fossé et aboutissant en face de chaque coffre de contrescarpe. Il devra alors exister deux portes successives qui ne seront jamais ouvertes à la fois.

Organisation des postes
chargés de la garde des remparts.

Observation. — L'organisation exposée ci-après n'est donnée qu'à titre d'exemple; les détails du service, variables d'ailleurs suivant les ouvrages sont laissés à l'initiative du Commandant de chaque fort auquel est imposée simplement l'obligation d'assurer le service de la transmission des renseignements dans les conditions de rapidité les plus grandes.

a. — **Répartition des postes.** — Le terrain à observer autour du fort est divisé en secteurs; la surveillance de chaque secteur est confiée à une sentinelle simple ou double placée sur le rempart. Les sentinelles sont fournies par des postes établis dans les abris les plus voisins des emplacements des sentinelles.

Les sentinelles doivent être en communication rapide avec les postes dont elles dépendent.

Les postes fournis par une section du 1er tour sont répartis en deux groupes placés chacun sous l'autorité d'un sergent chef de 1/2 section.

Pour faciliter et préciser les observations, chaque chef de poste est muni d'une planchette sur laquelle est collé un fragment de plan représentant le terrain compris dans le secteur du poste. Sur ce fragment sont tracées les directions des points les plus importants et des circonférences ayant pour centre le point où se trouve la sentinelle et pour rayons des longueurs de 600 et 1,200 mètres. En outre, pour éviter toute confusion dans la désignation des objectifs, ces directions et ces circonférences sont numérotées.

Auprès de chaque poste un homme de liaison est chargé de
relations avec le chef de demi-section et avec le Commandant du 1er tour, par itinéraire invariable.

b. — *Fonctionnement du service.* — 1° *L'ennemi est
éloigné.* Une consigne déterminera le rayon dans lequel il
peut y avoir lieu de disperser les rassemblements de l'ennemi et la conduite à tenir dans ce cas.

Lorsqu'une sentinelle aperçoit au loin des mouvements
de troupes ou d'isolés armés, elle appelle immédiatement
son chef de poste. Celui-ci reconnaît si c'est l'ennemi, et
dans ce cas détermine l'endroit où il se trouve, apprécie sa
force et la direction de sa marche. S'il est dans le rayon
indiqué ou sur le point d'y pénétrer, on exécute les prescriptions de la consigne.

Dans le cas contraire, le sergent commandant de la
demi-section est appelé dans le but de vérifier et de compléter au besoin les observations relevées dont un compte
rendu écrit est alors adressé au Commandant du fort.

2° *En cas d'apparition inopinée et rapprochée de l'ennemi.*
Dans ce cas la sentinelle crie « aux armes ».

Le chef de poste fait prévenir par l'homme de liaison le
sergent chef de la demi-section et le commandant du
1er tour, il fait en même temps garnir le parapet par son
poste et ouvre le feu s'il est nécessaire. Le chef de la demi-
section à son arrivée reconnaît si c'est bien l'ennemi et
fait continuer ou cesser le feu.

Consigne des sentinelles.

En plus de la mission qui leur incombe en vertu du règlement sur le Service des places, les sentinelles du fort
exécutent des consignes particulières qui, pour la plupart,
sont rédigées dès le temps de paix, au moins celles applicables au début des opérations. Ces consignes sont affichées
dans les postes et les abris les plus proches des emplacements à occuper.

Les sentinelles de l'entrée des ouvrages doivent redoubler d'attention lorsque le pont-levis est baissé ou que les
portes des poternes voisines sont ouvertes.

Quand des militaires se présentent, elles les font reconnaître en suivant rigoureusement les prescriptions régle-
mentaires. Elles ne laissent approcher aucune personne en
tenue civile.

Les sentinelles en faction sur les remparts fouillent du
regard le secteur qui leur est assigné en portant principalement l'attention sur les débouchés des parties du terrain
échappant aux vues de l'ouvrage (dépressions ou cols, lisiè-
res de bois ou de villages, clôtures, etc.) sur les voies de
communication de toute nature (routes, chemins, sentiers,
digues d'étangs, etc.) sur les défenses accessoires organi-

[...] aux abords de l'ouvrage, sur les glacis et au sommet de la contrescarpe.

Si des patrouilles sont envoyées à l'extérieur (2e tour), les sentinelles ne les perdent pas de vue, tout en continuant à exercer leur surveillance sur les autres parties du secteur.

Les sentinelles établies dans les organes de flanquement doivent regarder par les créneaux, non seulement devant elles, mais aussi obliquement, à droite et à gauche, afin de ne laisser sans surveillance aucune partie de l'escarpe ou des abords immédiats de l'organe de flanquement.

La nuit, toutes les sentinelles sont attentives au bruit; à tout indice révélant la présence de l'ennemi elles préviennent immédiatement leur chef de poste et si elles se trouvent dans un organe de flanquement ou dans le fossé voisin elles avertissent immédiatement les veilleurs d'artillerie placés dans l'organe.

Rondes et patrouilles intérieures.

Le service des rondes et patrouilles à l'intérieur du fort incombe au 1er tour. Ces rondes sont ordonnées par le Commandant du 1er tour ou par le Commandant du fort. Il en est fait de nuit comme de jour.

Devoirs des Chefs de poste.

Les chefs des différents postes assurent le service dans les conditions fixées par le règlement sur le service de place et veillent en outre à l'application des consignes spéciales qui leur sont données. Ils rendent compte sans délai de tout incident au Commandant de la fraction du 1er tour. Dans le cas d'arrivée inopinée de l'ennemi, ils n'hésitent pas à engager les hommes de leur poste.

Devoirs du Commandant de la fraction du 1er tour.

Le Commandant de la fraction du 1er tour se tient constamment en relations avec les postes. Il s'assure que tous les ordres donnés, tant pour la sécurité du fort et de ses annexes que pour le repos des hommes et pour l'hygiène sont rigoureusement observés. Une attaque de vive force ou une surprise pouvant se produire la nuit, alors que la surveillance est plus difficile, il doit redoubler de vigilance. Il ne doit en aucun cas, même lorsque la durée du service est de 24 heures prendre de repos la nuit. Dès qu'il est prévenu d'une attaque de l'ennemi, il prend tout de suite les dispositions nécessaires pour l'arrêter et rend compte immédiatement au Commandant du fort.

II. — SERVICE DU 2ᵉ TOUR

Les hommes du 2ᵉ tour sont de piquet, ils conservent leur équipement sauf le sac et emportent leurs armes qu'ils déposent à leur portée pendant le travail. Les hommes non employés restent équipés dans les locaux qui leur sont affectés. Le Commandant du 2ᵉ tour veille à ce que ces hommes se reposent effectivement. La protection des travailleurs sans armes employés à l'extérieur du fort incombe au piquet, de même que la surveillance extérieure.

Il y a le plus grand intérêt à combiner cette dernière avec les avant-postes des troupes de secteur. Les liaisons nécessaires sont arrêtées par le Commandant de secteur sur la proposition du Commandant du fort.

La surveillance des abords immédiats et surtout celle du réseau de fils de fer doit faire l'objet de mesures spéciales. La nuit, on prendra les précautions voulues pour que les hommes chargés de cette surveillance ne soient pas exposés à être pris pour l'ennemi par les sentinelles intérieures, et fusillés par les postes du fort.

S'il est jugé nécessaire de placer à l'extérieur des postes avec des sentinelles, ceux-ci doivent être en liaison constante avec les services de surveillance du fort, à la vue pendant le jour, par des communications appropriées pendant la nuit.

Les postes en question seront utilement pourvus des engins éclairants nécessaires pour déceler les tentatives de reconnaissance ou de destruction faites par l'ennemi.

Tous les matins, au lever du jour, et plus souvent, s'il est nécessaire, une patrouille fait le tour des défenses accessoires ; autant que possible la patrouille doit être accompagnée par un caporal ou sapeur du génie ayant une connaissance complète de ces défenses, afin de pouvoir procéder à la vérification de leur état.

Il est bon de faire explorer par de petites patrouilles les environs de l'ouvrage dans une zone plus ou moins rapprochée, selon la distance à laquelle se trouve l'ennemi. Le Commandant du fort fixe alors leur itinéraire et ne doit pas en envoyer plus de deux à la fois. Les patrouilles ne doivent pas s'éloigner au point d'être perdues de vue par les sentinelles des remparts.

Toutefois dans des circonstances exceptionnelles le Commandant du fort peut leur prescrire de se porter plus loin, mais il ordonne de laisser en arrière des hommes de communication, pour établir des relations entre les sentinelles du fort et les patrouilles.

Le rôle des patrouilles étant de renseigner, elles ne doivent jamais s'engager dans un combat.

Les patrouilles de nuit ne circulent qu'aux abords immédiats de l'ouvrage. Elles portent leur attention sur les défenses accessoires et sont munies d'engins éclairants.

Les prescriptions du service des places concernant le mot, la reconnaissance des rondes et des patrouilles sont strictement observées.

III. — SERVICE DU 3e TOUR.

Pendant la durée du 3e tour, 8 heures doivent être autant que possible consacrées au repos. Pendant les autres heures les hommes sont disponibles pour les travaux sans armes, les corvées ou l'instruction. Ils prennent la tenue de travail, de corvée ou d'exercice. Ceux qui sont au repos complet doivent pouvoir se coucher.

INSTRUCTION PRATIQUE

PROVISOIRE

SUR

LE SERVICE DANS UN FORT

DE LA ZONE PRINCIPALE DE DÉFENSE.

— ◆ —

ANNEXE N° 2.

1° Renseignements au sujet de la protection donnée contre la balle du fusil par les différents matériaux pouvant être employés comme masque.

Les indications sur les pénétrations dans les différents milieux données par les règlements et aide-mémoire en ce qui concerne la guerre de campagne doivent être modifiées pour la guerre de siège, par suite de l'existence de munitions spéciales destinées à l'attaque des places fortes. Ces munitions sont appelées à être tirées principalement par les mitrailleuses. Leur pénétration peut être considérée comme double de celle de la balle ordinaire.

À 100 mètres, la balle spéciale perce 10 millimètres du meilleur acier nickel et 20 millimètres de fer.

À des distances de 0 à 50 mètres, elle traverse 1ᵐ50 de sable.

À des distances inférieures à 200 mètres et voisines de cette valeur, 1 mètre de sable couvre contre la balle.

À des distances supérieures à 200 mètres, 0ᵐ60 de sable (un sac et demi) donne un couvert suffisant.

Dans les mêmes conditions, une épaisseur de 0ᵐ40 de gravier suffit.

[...] contre [...] que le [...]
[...] lequel la succession rapide de coups groupés [...]
à des percées pouvant atteindre la grosseur du bras.
La meilleure protection semble devoir être assurée par des caisses remplies de gravier.

II°. Renseignements au sujet de la protection contre les obus explosifs donnée aux locaux par les remblais.

En dehors des locaux bétonnés spécialement affectés en temps de guerre, il existe dans les forts un certain nombre de locaux en maçonnerie recouverts d'un remblai que le Commandant d'un fort pourra utiliser aux différentes périodes du siège, dans les conditions indiquées ci-après.

Les locaux recouverts uniformément de 3 mètres de terre rocailleuse auront peu à craindre d'un tir non méthodique de canons de 12 ou de 15. Ils pourront être occupés pendant une partie du siège par la troupe et utilisés pendant tout le siège pour y remiser du matériel. Les locaux sous traverse exposés à se dégarnir rapidement de leur remblai, même sous l'influence d'un coup isolé, seront employés à abriter du matériel.

Les locaux recouverts uniformément de 4 mètres à 4 m. 50 de terre rocailleuse peuvent être considérés comme étant à l'épreuve d'un tir prolongé des pièces de 15 centimètres.

Une épaisseur de 4 mètres de remblai de même nature protégera contre un coup isolé de pièce d'un calibre supérieur.

Une épaisseur de 5 m. 50 mettra un local à l'épreuve d'un tir méthodique de pièces de tous les calibres et permettra son utilisation à toutes les périodes du siège.

Pour l'occupation des locaux en maçonnerie, on tiendra compte des observations suivantes :

1° On n'utilisera pas pour le logement des hommes des locaux où existent des voûtes d'arête qui se trouvent dans des conditions défavorables à la résistance aux explosions de fortes charges.

2° On tiendra compte du fait que les têtes de voûtes sont en général dans de moins bonnes conditions de résistance que le reste de la voûte en raison de l'insuffisance de l'épaisseur du remblai protecteur qui se termine par un talus ; on sera en conséquence conduit à sacrifier une partie de la casemate et à n'occuper que la partie protégée par l'épaisseur suffisante de remblai.